しゃべらなくても楽しい！

シニアの心身機能アップ体操50

斎藤道雄 著

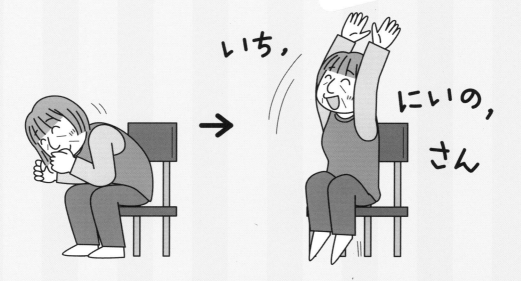

いち，

にいの，

さん

黎明書房

はじめに

ウィズコロナ時代のシニアの新しい健康づくり

この本は，ウィズコロナ時代のシニアの健康づくりのための本です。

もう少し詳しく説明します。

この本は，
① デイサービスや老人ホームなどの介護現場で，
② コロナ感染拡大後の運動不足解消とストレス発散をするために，
③ レクリエーションを担当する現場のスタッフと，
④ 自立から要介護レベルまでのシニアが，
⑤ 安全に，楽しんで体操するための本です。

それは，ある介護現場の施設長の要請がきっかけでした。

「先生。なるべく声は出さないで体操してください」

感染予防対策のために，会話を控えてほしいということです。

さあ大変です！
これまでのスタイルをいきなり変えるのは至難の技です。
でも，ピンチはチャンス！
ふと，閃きました！
いっそのこと，しゃべらないでやってみよう！

そうして生まれたのが，しゃべらないでする体操です。
名づけて……。
「しゃべらないでする体操」！ そのまんま！

「しゃべらないでする体操」のやり方は，こうです。

マスク着用
間隔をあける
換気する
人数を制限する
時間を短縮する（何回かに分けて行う）
（ほぼ）しゃべらないでする

結果，「しゃべらないでする体操」のスゴいメリットがわかりました！

シニアがボクの動作をよく見るようになる
シニアの集中力が高まる
シニアの満足度が高まる
ボクの表現力が身に付く
ボクの説明がなくても伝わる
説明しなくてよいのでボクの負担が軽くなる

※「ボク」の部分を「支援者」に変えると，支援者のメリットになります。

　今，介護現場では，レクリエーション活動を自粛したり，中止している施設がたくさんあると思います。

　そんな中で，この本が，シニアの健康づくりのヒントになれば，大変うれしく思います。

この本の 10 の特長

1　ただ体を動かすのでなく，楽しんで体を動かせるように
　なっています。

2　対象は，デイサービスのスタッフなど，シニアの健康づくり
　の支援者です。

3　もちろん，シニアおひとりさまでも，活用できます。

4　しゃべらなくても（説明をしなくても）体操のやり方が身
　振り手振りで伝わります。

5　道具，準備一切不要です。

6　椅子に腰かけたまま安全に出来ます。

7　かんたんな動作だけで，心身機能が働きます。

8　かんたんに日替わりメニューが出来ます。

9　体操の説明文が，簡潔にわかりやすく書かれています。

10　運動効果をより高める「みちお先生のワンポイントアド
　バイス」があります。

この本の使い方

1　まずは，おススメの体操をしましょう！
2　気分や体調に合わせて，お気に入りの体操を選びましょう！
3　おススメの体操とお気に入りの体操を自由に入れ替えましょう！

朝の おススメ体操	顔全開のポーズ　→ 11 ページ	
昼の おススメ体操	振り向きのポーズ→ 27 ページ	
夜の おススメ体操	ロケットのポーズ→ 21 ページ	

も く じ

I　超かんたん！　ポーズ体操

Ⅱ　超楽しい！　ものマネ体操

① グーパンチのポーズ

片腕を前に伸ばして，出来る限り全部の指を強くにぎる体操です。

ねらいと**ききめ**　　（ 握力強化 ）（ 手指の血行促進 ）（ リラックス ）

すすめかた

① 　足を肩幅にひらきます。
② 　片腕を前に伸ばします。
③ 　出来る限り全部の指を強くにぎります。（５秒キープ）
④ 　全部の指の力を抜いて，手をブラブラします。
⑤ 　反対も同様にします。

みちお先生のワンポイントアドバイス！

親指を他の４本の指でつかむように，指をにぎりましょう！

② 手指全開のポーズ

片腕を前に伸ばして，出来る限り全部の指をいっぱいにひらく体操です。

ねらいとききめ 指のストレッチ 手指の血行促進 リラックス

すすめかた

① 足を肩幅にひらきます。
② 片腕を前に伸ばします。
③ 出来る限り全部の指をいっぱいにひらきます。（５秒キープ）
④ 全部の指の力を抜いて，手をブラブラします。
⑤ 反対も同様にします。

みちお先生のワンポイントアドバイス！

指先まで意識を集中しましょう！

③ 顔全開のポーズ

胸を張って，口と目を出来る限り大きくひらく体操です。

ねらいとききめ　　（顔のストレッチ）　（口の体操）

すすめかた

① 足を肩幅にひらきます。

② 胸を張ります。

③ 出来る限り口と目を大きくひらきます。（5秒キープ）

④ そうっと静かに口と目をとじます。

⑤ 深呼吸をして終わります。

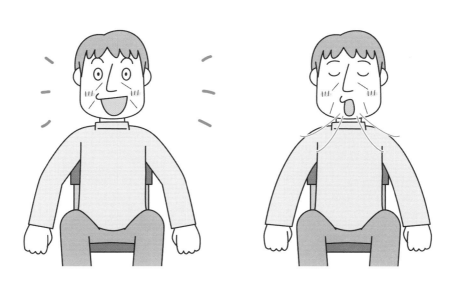

みちお先生のワンポイントアドバイス！

びっくりしたつもりでやりましょう！

④ 体全開のポーズ

胸を張って，両腕を横に伸ばす体操です。

ねらいとききめ　全身の血行促進　腕のストレッチ

すすめかた

① 　胸を張ります。

② 　両腕を横に伸ばして，手のひらを上にします。

③ 　全部の指を出来る限りいっぱいにひらきます。

④ 　深呼吸を1回します。

⑤ 　自分の中で一番いい顔をして終わります。

みちお先生のワンポイントアドバイス！

　深呼吸のときは，鼻から吸って，口からはくようにしましょう！

⑤ へそパワーのポーズ

胸を張って，おへそに力を入れる体操です。

ねらいとききめ 腹筋強化 股関節の柔軟性維持

すすめかた

① 足とひざを肩幅にひらきます。
② 両手をひざの上に置きます。
③ 胸を張ります。
④ おへそにぐっ！　と力を入れます。（5秒キープ）
⑤ 深呼吸を1回して終わります。

みちお先生のワンポイントアドバイス！

④のときに，息を止めないようにしましょう！

13

❻ はなまるのポーズ

自分の中で一番いい顔をして，手と腕で大きなまるをつくる体操です。

ねらいと**ききめ**　〔 胸のストレッチ 〕〔 肩の柔軟性維持 〕

すすめかた

① 　足を肩幅にひらきます。

② 　胸を張ります。

③ 　頭の上で指先と指先をくっつけて，手と腕で大きなまるをつくります。

④ 　そのままで，自分の中で一番いい顔をして終わります。

みちお先生のワンポイントアドバイス！

ひじとひじの間隔がせまくならないように広げましょう！

14

⑦ 肩甲骨引き寄せのポーズ

胸を張って，左右の肩甲骨と肩甲骨を引き寄せる体操です。

ねらいと**ききめ**　　姿勢保持　　肩こり予防　　背中の柔軟性維持

すすめかた

① 両手をグーにします。

② 両腕を斜め後ろに引きます。

③ 胸を張ります。

④ 左右の肩甲骨と肩甲骨を引き寄せます。

⑤ そのままで深呼吸を１回して終わります。

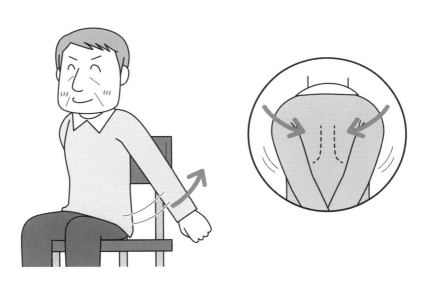

みちお先生のワンポイントアドバイス！

あまり力まないように，リラックスしてやりましょう！

⑧ 扇のポーズ

胸を張って，上体を真横に少し倒す体操です。

ねらいとききめ 体側のストレッチ バランス感覚維持 血行促進

すすめかた

① 足を肩幅にひらきます。

② 左手を頭の上に置きます。

③ 胸を張ります。

④ 上体を真横（右）に少し倒します。

⑤ そのままで深呼吸を1回します。

⑥ 逆側も同様にして終わります。

みちお先生のワンポイントアドバイス！

上体を横にしたとき，バランスをくずさないように。

❾ 体しぼりのポーズ

足を肩幅にひらいて，胸を張って横に向ける体操です。

ねらいと**ききめ**　　（全身の血行促進）（柔軟性維持）

すすめかた

① 足を肩幅にひらきます。
② 両手を腰に置きます。
③ 胸を張って，横に向けます。
④ そのままで深呼吸を１回します。
⑤ 逆側も同様にして終わります。

みちお先生のワンポイントアドバイス！

③のときに，あまり無理をしすぎないように。

17

⑩ 胸いっぱいのポーズ

両手を後ろで組んで，胸を張る体操です。

ねらいと**ききめ** （姿勢保持）（リフレッシュ）

すすめかた

① 足を肩幅にひらきます。
② 両手を後ろで組みます。
③ 胸を張ります。
④ そのままで深呼吸を1回します。

みちお先生のワンポイントアドバイス！

胸を前に突き出すつもりでしましょう！

⑪ パワーポーズ①

胸を張って，片腕を上に伸ばしてグーにする体操です。

ねらいと**ききめ** 　〔 握力強化 〕 〔 腕のストレッチ 〕 〔 やる気アップ 〕

すすめかた

① 　足を肩幅にひらきます。

② 　胸を張ります。

③ 　片腕を上に伸ばしてグーにします。（5秒キープ）

④ 　自分の中で一番いい顔をします。

⑤ 　逆側も同様にして終わります。

みちお先生のワンポイントアドバイス！

腕を上げるとき，ゆっくりと動作しましょう！

⑫ パワーポーズ②

胸を張って，モリモリポーズをする体操です。

ねらいとききめ　⟨姿勢保持⟩ ⟨やる気アップ⟩ ⟨肩関節の柔軟性維持⟩

すすめかた

① 足を肩幅にひらきます。

② 胸を張ります。

③ 両腕を上に伸ばします。

④ ひじを直角に曲げ，モリモリポーズをします。（5秒キープ）

⑤ 自分の中で一番いい顔をして終わります。

みちお先生のワンポイントアドバイス！

ゆっくりとていねいに動作しましょう！

⑬ ロケットのポーズ

両腕を上に伸ばして，頭の上で両手を合わせる体操です。

ねらいとききめ　　姿勢保持　　腕のストレッチ　　リフレッシュ

すすめかた

① 　足を肩幅にひらきます。

② 　両腕を上に伸ばして，頭の上で手を合わせます。

③ 　胸を張ります。

④ 　そのままで深呼吸を1回します。

⑤ 　自分の中で一番いい顔をして終わります。

みちお先生のワンポイントアドバイス！

②のときに，背中が丸まらないように。

⑭ 祈りのポーズ

胸を張って合掌をして，深呼吸する体操です。

ねらいとききめ　　（姿勢保持）（リラックス）

（すすめかた）

① 足を肩幅にひらきます。
② 胸を張ります。
③ 胸の前で合掌します。
④ そうっと静かに目を閉じます。
⑤ 深呼吸を４回して終わります。

みちお先生のワンポイントアドバイス！

　深呼吸のときは，鼻から吸って口からはくようにしましょう！

⑮ 手のひらいっぱいのポーズ

片腕を上に伸ばして，全部の指を出来る限りいっぱいにひらく体操
です。

ねらいと**ききめ** 〔指のストレッチ〕〔腕のストレッチ〕〔やる気アップ〕

〔すすめかた〕

① 胸を張ります。

② 片腕を上に伸ばします。

③ 全部の指を出来る限りいっぱいにひらきます。

④ 目線を上にします。（5秒キープ）

⑤ 逆側も同様にして終わります。

みちお先生のワンポイントアドバイス！

片腕を伸ばすときに，バランスをくずさないように。

⑯ 伸ばしてグーパー

片腕を上に伸ばして，グーパーをする体操です。

ねらいとききめ　握力強化　手指の血行促進　リラックス

すすめかた

①　片腕を上に伸ばします。
②　胸を張ります。
③　そのままでグーパーを4回します。
④　反対も同様にします。
⑤　両手首をブラブラして終わります。

4回

みちお先生のワンポイントアドバイス！

出来る限り全部の指をいっぱいにひらきましょう！

⑰ 伸びのポーズ

両手をグーにして，両腕を上に伸ばす体操です。

ねらいとききめ　　握力強化　　腕のストレッチ　　全身の血行促進

すすめかた

① 足を肩幅にひらきます。
② 両手をグーにして，両腕を上に伸ばします。
③ 胸を張ります。
④ 気持ちよく体全体で上に伸びをしましょう！
⑤ そのままで，深呼吸を１回して終わります。

みちお先生のワンポイントアドバイス！

胸を真上に持ち上げるようにして伸びましょう！

⑱ 斜め伸びのポーズ

胸を張って，片腕を斜め上に伸ばす体操です。

ねらいと**ききめ**　　体側のストレッチ　　血行促進

すすめかた

① 足を肩幅にひらきます。

② 胸を張ります。

③ 右手をパーで，右腕を斜め45°上に伸ばします。

④ 深呼吸を1回します。

⑤ 元に戻して，逆側も同様にして終わります。

みちお先生のワンポイントアドバイス！

体側が気持ちよく伸びるのを感じましょう！

⑲ 振り向きのポーズ

胸を張って，後ろを振り向いて深呼吸をする体操です。

ねらいとききめ 〔 全身の血行促進 〕 〔 柔軟性維持 〕

すすめかた

① 足を肩幅にひらきます。

② 両手を腰に置きます。

③ 胸を張って，後ろを振り向きます。

④ そのままで深呼吸を1回します。

⑤ 逆側も同様にして終わります。

みちお先生のワンポイントアドバイス！

後ろを振り向くとき，背中が丸まらないように。

⑳ 天突きのポーズ

天を押し上げるように，両腕を上に伸ばす体操です。

ねらいとききめ　⟨姿勢保持⟩ ⟨腕のストレッチ⟩

すすめかた

① 足を腰幅にひらきます。
② 両腕を上に伸ばします。
③ 手首を曲げて，手のひらを上にします。
④ 全部の指を出来る限りいっぱいにひらきます。
⑤ 天を押し上げるようにしましょう！

みちお先生のワンポイントアドバイス！

手だけではなく，腕で押し上げる意識を持ちましょう！

㉑ 爆笑のポーズ

胸を張って，両手を頭の上にのせる体操です。

ねらいと**ききめ**　（姿勢保持）　（肩の柔軟性維持）　（笑顔）

すすめかた

① 足を腰幅にひらきます。

② 胸を張ります。

③ 両腕を横に伸ばします。

④ そうっと両手を頭の上にのせます。

⑤ 自分の中で一番の笑顔をして終わります。

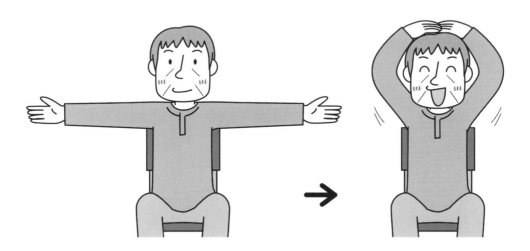

みちお先生のワンポイントアドバイス！

ひじとひじの間隔がせまくならないように広げましょう！

㉒ ガッツポーズ

拳を上に突き上げて，自分の中で一番いい顔をする体操です。

ねらいとききめ　　胸のストレッチ　　リフレッシュ

すすめかた

① 足を肩幅にひらきます。
② 胸を張ります。
③ 胸の前で両手をグーにします。
④ 片手を上に伸ばします。（拳を上に突き上げます）
⑤ 自分の中で一番いい顔で終わります。

みちお先生のワンポイントアドバイス！

心の中で「最高！」と叫びましょう！

㉓ 腕組みのポーズ

胸を張って両腕を組み変える体操です。

ねらいと**ききめ**　　姿勢保持　脳トレ

すすめかた

① 胸を張ります。

② 腕組みをします。

③ 腕を元に戻します。

④ （②と上下反対に）腕組みをします。

⑤ 両手をひざの上に置いて終わります。

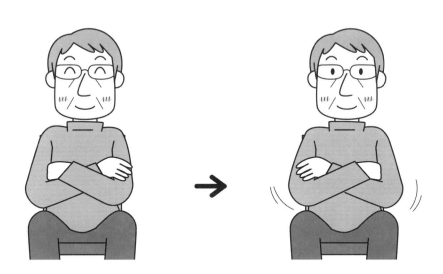

みちお先生のワンポイントアドバイス！

間違えても笑って。楽しんでやりましょう！

㉔ 両腕つなひきのポーズ

両手をにぎって，両腕を左右に引きあう体操です。

ねらいと**ききめ** 握力強化 腕力維持 姿勢保持

すすめかた

① 足を肩幅にひらきます。
② 胸を張ります。
③ 胸の前で両手をにぎりあいます。
④ （手の位置を変えずに）両腕を左右に引っ張ります。（５秒静止）
⑤ 少し休んでもう一度します。

みちお先生のワンポイントアドバイス！

④のときに，呼吸を止めないようにしましょう！

#㉕ ヒコーキのポーズ

胸を張って，両腕を床と平行になるように横に伸ばす体操です。

ねらいとききめ　　バランス感覚維持　　姿勢保持　　集中力維持

すすめかた

① 足を肩幅にひらきます。
② 胸を張ります。
③ 静かに目をとじます。
④ 手のひらを下にして，両腕を横に伸ばします。（5秒静止）
⑤ 腕が床に平行になるように意識しましょう。

みちお先生のワンポイントアドバイス！

　目をとじてすることで，意識をより集中しやすくなります！

コラム①
シニアに超ウケる！　みちお先生の変な体操
効用編

　体操の最中，ボクは，変なポーズをします。途中までは，ごくフツウにしていますが，突如として変なポーズになります。

　シニアが気づくと，もうすでに変なポーズになっています。

　全員が変なポーズをしている光景は，おもしろすぎて笑わずにはいられません。

　ボクが変なポーズをするのには，こんな理由があります。

① 　楽しいと体を動かしたい気分になるから。
② 　マジメばかりだと，つまらないのであきてしまうから。
③ 　笑いがあると，全体の雰囲気が明るく和やかになるから。

参考になるのが歌番組です。
歌番組の構成は，歌と歌の合間にトークや笑いを挟んでいます。
そうすることで，最後まであきずに歌を楽しむことが出来ます。

　これと同じです。
　変なポーズには，体操を最後まであきずに楽しめるスゴい効果があるんです！

　変なポーズって，どんなポーズか？

　この続きは，コラム2で。

㉖ ものマネ乳しぼり

親指から小指まで，１本ずつゆっくりと指を曲げていく体操です。

ねらいとききめ　（手先の器用さ維持）（握力維持）

すすめかた

① 片手を前に出します。

② 親指から小指まで，一本ずつ順に指をゆっくりと曲げていきます。

③ 最後に，出来る限り強く全部の指をにぎります。

④ 手首をブラブラします。

⑤ 同様に反対の手もします。

みちお先生のワンポイントアドバイス！

心の中で数をかぞえながら，指を曲げましょう！

㉗ ものマネ指折り

人差し指から順に，一本ずつ指を伸ばしていく体操です。

ねらいとききめ　手先の器用さ維持　指のストレッチ　握力維持

すすめかた

① 両手を軽くにぎります。
② 人差し指，中指，薬指，小指，親指の順に，１本ずつ指を伸ばしていきます。
③ 親指，小指，薬指，中指，人差し指の順に，１本ずつ指を曲げていきます。
④ とてもゆっくりとていねいに指を動かします！
⑤ 全部の指の力を抜いて，両手をブラブラして終わります。

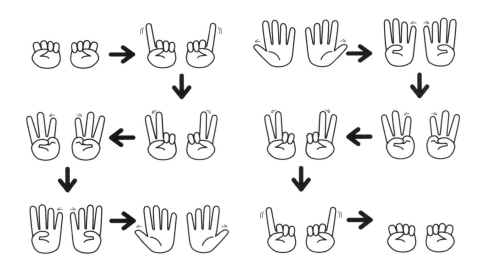

みちお先生のワンポイントアドバイス！

②のときに，出来る限り指を伸ばして，③のときに，出来る限り指を曲げます。

28 ものマネグータッチ

胸の前でグータッチのマネをする体操です。

ねらいとききめ　握力強化　手指の血行促進　笑顔

すすめかた

① スタッフとシニア 2 人でします。

② 両手を胸の前でグーにします。

③ 両腕を前に伸ばして，グータッチのマネをします。

④ お互いに目と目を見ます。

⑤ 自分の中で一番の笑顔をして終わります。

みちお先生のワンポイントアドバイス！

支援者の笑顔が，シニアを笑顔にします！

㉙ ものマネハイタッチ

両腕を上に伸ばして，ハイタッチのマネをする体操です。

ねらいとききめ 　腕のストレッチ 　笑顔

すすめかた

① シニアとスタッフ2人でします。

② 両手をパーにします。

③ 両腕を上に伸ばします。

④ 両手でハイタッチのマネをします。

⑤ 自分の中で一番の笑顔をして終わります。

みちお先生のワンポイントアドバイス！

目と目を見てすると，もっと楽しくなります！

㉚ ものマネ握手

左右の手で握手を繰り返すマネをする体操です。

ねらいと**ききめ**　　指先感覚維持　　腕の血行促進　　笑顔

すすめかた

① シニアとスタッフと２人でします。

② 右手と右手で４回，左手と左手で４回握手のマネをします。

③ 同様に，右手で２回して，左手で２回握手のマネをします。

④ 同様に，右手で１回して，左手で１回握手のマネをします。

⑤ 両手でハイタッチのマネをします。

⑥ 自分の中で一番の笑顔をして終わります。

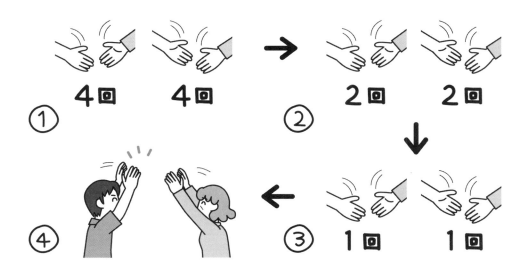

みちお先生のワンポイントアドバイス！

慣れてきたら，テンポアップしましょう！

㉛ ものマネあしぶみ（強）

腕を前後に大きく振って，強めに足ぶみする体操です。

ねらいとききめ 　足腰強化 　足裏感覚維持

すすめかた

① 　足を腰幅にひらきます。
② 　胸を張ります。
③ 　腕を前後に大きく振って足ぶみします。（８歩×２回）
④ 　かかとから少し強めに着地します。
⑤ 　深呼吸を１回して終わります。

８歩×２回

みちお先生のワンポイントアドバイス！

心の中で「ドン・ドン……」と強く言いましょう！

㉜ ものマネあしぶみ（弱）

つま先からそうっと静かに足ぶみする体操です。

ねらいと ききめ 　足腰強化　力のコントロール

すすめかた

① 足を腰幅にひらきます。
② 胸を張ります。
③ 腕を前後に振って足ぶみします。（8歩×2回）
④ つまさきからそうっと静かに着地します。
⑤ 深呼吸を1回して終わります。

8歩×2回

みちお先生のワンポイントアドバイス！

足音をたてないよう意識することで，動作がよりていねいになります！

㉝ ものマネお手玉

両手でお手玉を投げたり取ったりのマネをする体操です。

ねらいとききめ　腕・肩のストレッチ　意欲増進　握力アップ

すすめかた

① すべてマネだけです。実際にお手玉があるのをイメージしてしましょう。
② 両手にお手玉を一つずつ持ちます。
③ 右手のお手玉を上に投げます。
④ 左手のお手玉を右手に持ち替えます。
⑤ 落ちてきたお手玉を左手でキャッチします。

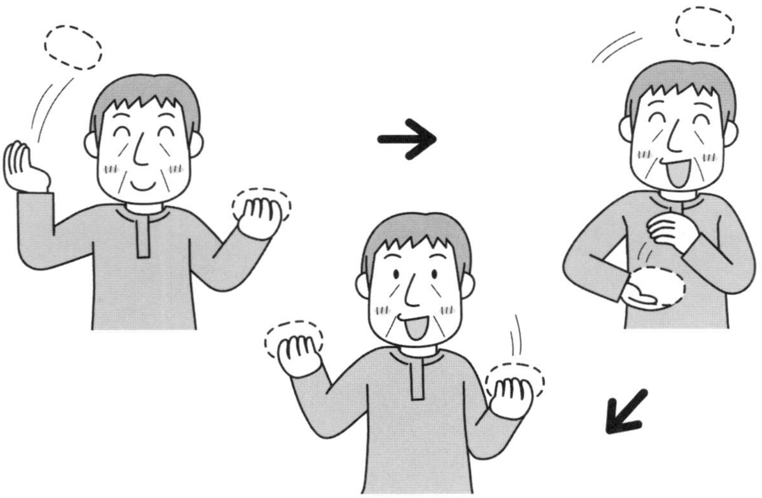

みちお先生のワンポイントアドバイス！

頭の中でお手玉の動きをイメージして，お手玉の動きを目で追いましょう！

ものマネジャンプ！

ジャンプするようにかかとを上に持ち上げる体操です。

ねらいとききめ　足腰強化　腕のストレッチ

すすめかた

① 両手をひざの上に置きます。
② 背中を少し丸くします。
③ 「いち，にいの，さん」で，ジャンプするようにかかとを上に持ち上げます。
④ ③と同時に，両腕を下から上に振り上げます。
⑤ 大空に羽ばたくイメージでしましょう！

いち，　にいの，　さん

みちお先生のワンポイントアドバイス！

かかとを着地させるときは，ゆっくりとやさしくしましょう！

㉟ ものマネステップ！

左右の足を交互に前に出したり戻したりする体操です。

ねらいとききめ　リズム感体感　歩行感覚維持

すすめかた

① 左足を前に出してから，元の位置に戻します。
② 右足を前に出してから，元の位置に戻します。
③ これ（①と②）を2回繰り返します。
④ 手をたたきながらします。
⑤ ちょっと一休みして，もう一度しましょう！

みちお先生のワンポイントアドバイス！

心の中でかぞえながらしましょう！

㊱ ものマネ変顔体操①

出来る限り口を真横にひらいたり，尖らせたりする体操です。

ねらいと**ききめ**　（ 顔のストレッチ ）（ 笑顔 ）

すすめかた

① 足を肩幅にひらいて，両手をひざに置きます。

② 出来る限り口を真横にひらきます。（口角を上げる）

③ 出来る限り唇を尖らせます。

④ 自分の中で最高の笑顔で終わります。

みちお先生のワンポイントアドバイス！

②のときに「いー」，③のときに「うー」と言うつもりでしましょう！

37 ものマネ変顔体操②

鼻の下を長く伸ばして，目線を上にする体操です。

ねらいとききめ 顔のストレッチ 笑顔

すすめかた

① 足を肩幅にひらいて，両手をひざに置きます。
② 鼻の下を長く伸ばします。
③ 目線だけを上にします。（顔は正面のままで）
④ ②と③を同時にします。
⑤ 最後に，自分の中で一番の笑顔で終わります。

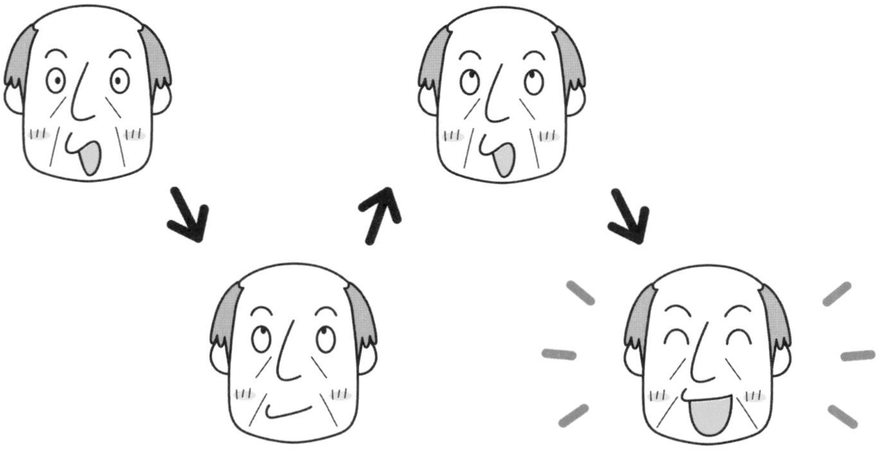

みちお先生のワンポイントアドバイス！

恥ずかしがらずに思い切ってしたほうが，楽しいです！

38 ものマネ肩たたき

4回，2回，1回と，左右の肩を交互にたたいていく体操です。

ねらいとききめ　（血行促進）（肩こり予防）

すすめかた

① 右手で左の肩を4回たたいて，左手で右の肩を4回たたきます。
② 同様にして，2回ずつたたきます。
③ 同様にして，1回ずつたたきます。
④ 最後に，両手でひざを1回たたいて終わります。

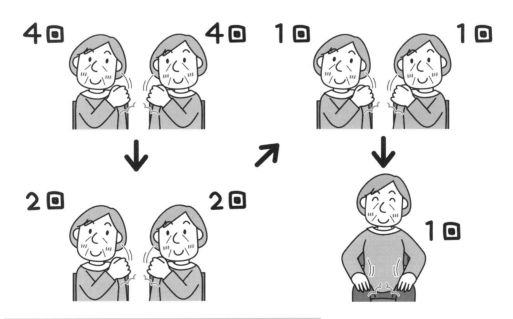

みちお先生のワンポイントアドバイス！

心の中でかぞえながらしましょう！

47

㊴ ものマネひざたたき

手の力の入れ具合を加減しながら，ひざをたたく体操です。

ねらいとききめ リズム感体感 血行促進 力のコントロール

すすめかた

① 両手をひざの上に置きます。
② ひざを 10 回たたきます。
③ 1〜5回目は徐々に強くします。
④ 6〜10回目は徐々に弱くします。
⑤ 両手首をブラブラして終わります。

1〜5回目は
徐々に強く

6〜10回目は
徐々に弱く

みちお先生のワンポイントアドバイス！

手だけでなく，腕も動かしましょう！

コラム②
シニアに超ウケる！　みちお先生の変な体操
実践編

いよいよ実践編です。
ここでボクのセリフを大公開します！
実際にいっしょに体操をしているつもりで聞いてください！

「３秒で元気が出る体操します！」

「足を肩幅にひらいてください！」
「胸を張ってください！」
「胸を前に突き出すようにするといいですよ」
「足を肩幅。胸を張る。ここまでいいですか？」（確認しながらゆっくり進行）

「両手をグーにします！」
「人差し指をピンと伸ばします！」
「指先に意識を集中します！」
「足を肩幅。胸を張る。人差し指を伸ばす。指先集中。ここまでいいですか？」（また確認してゆっくり進行）

「その指先を……」
（ゆっくりとほっぺにつけたらこう言います）
「はいっ，ニッーコリ！」（超笑顔で）

「これで元気が出ました！」（元気に明るく言う）

（※この動作を言葉で説明せずに，身振り手振りだけでも伝えたりします！）

㊵ ものマネ肩体操

肩を上に持ち上げてから，一気に落として脱力する体操です。

ねらいと**ききめ**　　肩こり予防　血行促進

すすめかた

① 胸を張ります。

② 両肩を上に持ち上げます。

③ 両肩と腕に力を入れます。

④ 両肩を一気に落とします。

⑤ 腕と肩の力を抜いて終わります。

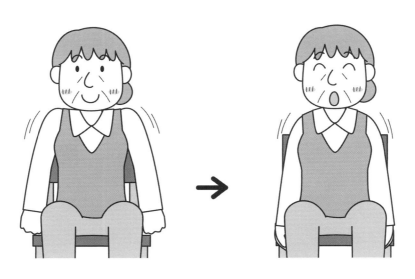

みちお先生のワンポイントアドバイス！

肩を落とすときに息をはくことで，より脱力しやすくなります！

㊶ ものマネ指伸ばし

片手は人差し指を，反対は親指を同時に伸ばす体操です。

ねらいとききめ　手先の器用さ維持　指のストレッチ　集中力維持

すすめかた

① 両手をグーにします。

② 右手は親指，左手は人差し指を伸ばします。

③ 両手をグーに戻します。

④ 右手は人差し指，左手は親指を伸ばします。

⑤ これ（①～④）を４回繰り返します。

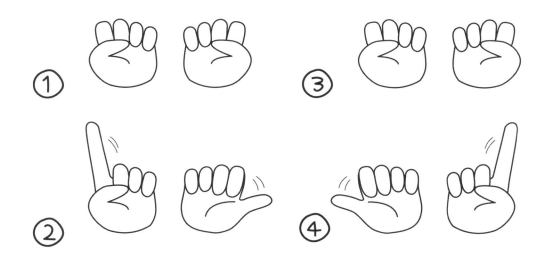

みちお先生のワンポイントアドバイス！

間違えても気にせずに。楽しんでしましょう！

㊷ ものマネ首体操

胸を張って，両手を後ろで組んで，頭を真横に倒す体操です。

ねらいとききめ　　肩こり予防　　首の血行促進　　リラックス

すすめかた

① 胸を張って，両手を後ろで組みます。
② 頭を左（真横）に倒します。
③ 元に戻して，右（真横）に倒します。
④ 元に戻して，頭を左（真横）に向けます。
⑤ 元に戻して，右（真横）に向けます。
⑥ 元に戻して，深呼吸を1回して終わります。

みちお先生のワンポイントアドバイス！

力を抜いて，リラックスしてやりましょう！

㊸ ものマネ深呼吸①

背筋をピンと伸ばして，深呼吸する体操です。

ねらいとききめ　（姿勢保持）（リフレッシュ）

すすめかた

① 足を肩幅にひらきます。
② 背筋をピンと伸ばします。
③ 両手をひざに置きます。
④ 目を閉じて深呼吸を4回します。
⑤ 自分の中で一番いい顔をして終わります。

みちお先生のワンポイントアドバイス！

深呼吸のときは，鼻から吸って，口からはくようにしましょう！

㊹ ものマネ深呼吸②

背筋をピンと伸ばして，両手を後ろで組んで深呼吸をする体操です。

ねらいとききめ　〔姿勢保持〕〔リフレッシュ〕

すすめかた

① 足を肩幅にひらきます。

② 背筋をピンと伸ばします。

③ 両手を後ろで組みます。

④ あごを少し上げて，視線を上にします。

⑤ そのままで深呼吸を4回して終わります。

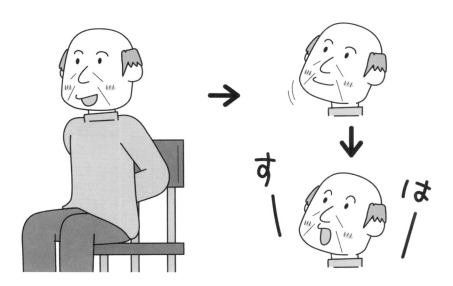

みちお先生のワンポイントアドバイス！

　深呼吸のときは，鼻から吸って，口からはくようにしましょう！

㊺ ものマネ拍手①

力の入れ具合を変えながら両手をたたく体操です。

ねらいとききめ　(リズム感体感)　(手先の血行促進)　(力のコントロール)

すすめかた

① 　胸を張ります。
② 　両手を胸の前に出します。
③ 　拍手を 10 回します。
④ 　1 〜 5 回目は拍手を徐々に強くします。
⑤ 　6 〜 10 回目は拍手を徐々に弱くします。
⑥ 　両手首をブラブラして終わります。

1〜5回目は 徐々に強く

6〜10回目は 徐々に弱く

みちお先生のワンポイントアドバイス！

手だけでなく，腕も動かしましょう！

㊻ ものマネ拍手②

両腕を横に伸ばして，頭の上で手をたたく体操です。

ねらいと**ききめ**　　手先の血行促進　　姿勢保持　　腕のストレッチ

すすめかた

① 足を肩幅にひらきます。
② 胸を張ります。
③ 両腕を横に伸ばして，手のひらを上にします。
④ 頭の真上で手をたたきます。
⑤ この（③④）動作を４回繰り返します。
⑥ 両手首をブラブラして終わります。

４回
くりかえす

みちお先生のワンポイントアドバイス！

手をたたくときに，なるべく手が下がらないように。

㊼ ものマネ拍手③

胸を張って，足ぶみをしながら拍手する体操です。

ねらいとききめ　　足腰強化　　姿勢保持　　手先の血行促進

すすめかた

① 　胸を張って足ぶみをします。
② 　胸の前で拍手します。
③ 　①と②を同時に８回（８歩）します。
④ 　自分の中で一番の笑顔でしましょう！
⑤ 　深呼吸を１回して終わります。

**８回
（８歩）**

みちお先生のワンポイントアドバイス！

　心の中でかぞえながらしましょう！

㊽ ものマネ腕体操

片腕を上に伸ばして，腕を外側からゆっくりと下げる体操です。

ねらいと**ききめ**　　肩の柔軟性維持　　腕のストレッチ

すすめかた

① 胸を張ります。

② 片腕を上に伸ばします。

③ 手のひらを外側に向けます。

④ 腕を外側からゆっくりと下げます。

⑤ 左右２回ずつして終わります。

みちお先生のワンポイントアドバイス！

いそがずに，ていねいに動作しましょう！

㊾ ものマネおむすび

おむすびをにぎるマネをする体操です。

ねらいと**ききめ**　　〔 手指の器用さ維持 〕〔 力のコントロール 〕〔 笑顔 〕

すすめかた

① 　胸の前で両手をパーにします。

② 　両手でおむすびをにぎるマネを 10 回します。

③ 　にぎったおむすびを美味しそうに食べるマネをします。

④ 　自分の中で一番の笑顔をして終わります。

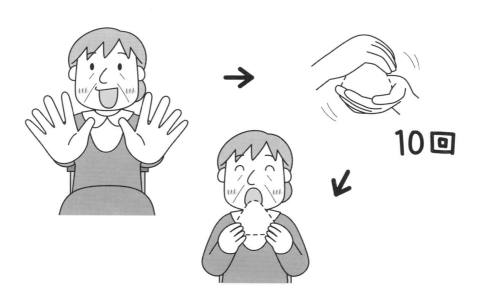

みちお先生のワンポイントアドバイス！

心を込めて，やさしくていねいににぎりましょう！

⑤⓪ ものマネVサイン

人差し指と中指を伸ばして，出来る限りいっぱいにひらく体操です。

ねらい と ききめ　　　指のストレッチ　　リフレッシュ

すすめかた

①　足を肩幅にひらきます。

②　胸を張ります。

③　片手を前に伸ばしてグーにします。

④　人差し指と中指を伸ばして，出来る限りいっぱいに指をひらきます。

⑤　自分の中で一番いい顔をして終わります。

みちお先生のワンポイントアドバイス！

反対の手も同様にしましょう！

おわりに

日本一きびしい先生の，日本一やさしい体操

　ボクは，シニアに対してとてもきびしいです。
　なぜなら，シニアに対してとてもやさしいからです。

　よく，「お年よりにはやさしく」と言います。
　でも，それは裏を返せば，「お年よりは弱い」と決めつけているからではないでしょうか。
　「お年よりは弱い。だから，お年よりにはやさしく」と。

　「いじわるばあさん」というマンガがあります。
　文字通り，意地悪なおばあさんがイタズラをしまくります。
　今で言えば，ちょうど「クレヨンしんちゃん」のようです。
　まさに，「クレヨンばあさん」。

　この「いじわるばあさん」は，どう考えても強い。
　強すぎです。
　まるで意地悪が健康の秘訣のようです。
　「いじわるばあさん」には，「お年寄りにはやさしく」なんて言葉は不似合いです。

　それぐらい，強いんです！

　やさしくするから弱くなるのか？
　弱いからやさしくするのか？
　どちらなのかわかりません。
　でも，ボクは，こう思います。

（まわりがシニアを）弱いと決めつければ（シニアは）弱くなる。

だから，ボクは，シニアを年寄り扱いしません。
だって，シニアのことを弱いだなんて思ってませんから。
弱いと思っていないからこそ，きびしく接します。

でも，体操をするときは，「とても，ていねいにわかりやすく」します。
そこのところは，とてもやさしくします。

つまり，「考えはきびしく，技術はやさしく」
そうありたいのです！

ということで。
これからも，引き続き，シニアにはきびしくします。
そして，やさしくします！

　令和 2 年 10 月

　　　　　　　　　　　　　ムーヴメントクリエイター
　　　　　　　　　　　　　日本一きびしい先生こと，斎藤道雄

著者紹介

●斎藤道雄

体操講師，ムーヴメントクリエイター。

クオリティ・オブ・ライフ・ラボラトリー主宰。

自立から要介護シニアまでを対象とした体操支援のプロ・インストラクター。

体力，気力が低下しがちな要介護シニアにこそ，集団運動のプロ・インストラクターが必要と考え，運動の専門家を数多くの施設へ派遣。

「お年寄りのふだん見られない笑顔が見られて感動した」など，シニアご本人だけでなく，現場スタッフからも高い評価を得ている。

[お請けしている仕事]

○体操教師派遣（介護施設，幼稚園ほか）　○講演　○研修会　○人材育成　○執筆

[体操支援・おもな依頼先]

○養護老人ホーム長安寮

○有料老人ホーム敬老園（八千代台，東船橋，浜野）

○淑徳共生苑（特別養護老人ホーム，デイサービス）ほか

[講演・人材育成・おもな依頼先]

○世田谷区社会福祉事業団

○セントケア・ホールディングス（株）

○（株）オンアンドオン（リハビリ・デイたんぽぽ）ほか

[おもな著書]

○『しゃべらなくても楽しい！　シニアの1,2分間認知症予防体操50』

○『一人でもできるシニアのかんたん虚弱予防体操50』

○『シニアの1,2分間運動不足解消体操50』

○『シニアの爆笑あてっこ・まねっこジェスチャー体操』

○『新装版　要支援・要介護の人もいっしょに楽しめるゲーム＆体操』

○『新装版　虚弱なシニアでもできる楽しいアクティビティ32』

○『少人数で盛り上がるシニアの1,2分体操＆ゲーム50』

○『椅子に腰かけたままでできるシニアのための脳トレ体操＆ストレッチ体操』

○『目の不自由な人も耳の不自由な人もいっしょに楽しめるかんたん体操25』

○『介護レベルのシニアでも超楽しくできる　声出し！　お祭り体操』

○『介護スタッフのためのシニアの心と体によい言葉がけ5つの鉄則』

○『要介護シニアも大満足！　3分間ちょこっとレク57』

○『車いすや寝たきりの人でも楽しめるシニアの1〜2分間ミニレク52』（以上，黎明書房）

[お問い合わせ]

ブログ「みちお先生のお笑い介護予防体操！」：http://qollab.seesaa.net/

メール：qollab.saitoh@gmail.com

＊イラスト・さややん。

しゃべらなくても楽しい！　シニアの心身機能アップ体操50

2021年1月25日　初版発行

著　者	斎　藤　道　雄	
発行者	武　馬　久仁裕	
印　刷	藤原印刷株式会社	
製　本	協栄製本工業株式会社	

発　行　所　　　　株式会社　黎　明　書　房

〒460-0002　名古屋市中区丸の内3-6-27　EBSビル　☎ 052-962-3045
　　　　　　　　　　FAX 052-951-9065　振替・00880-1-59001

〒101-0047　東京連絡所・千代田区内神田1-4-9　松苗ビル4階
　　　　　　　　　　　　　　　　　☎ 03-3268-3470

しゃべらなくても楽しい！　シニアの１，２分間認知症予防体操 50 斎藤道雄著　　　　　B5・63頁　1700 円	声を出さず，身振り手振りを真似するだけで出来る，ウィズコロナ時代の新しいスタイルの体操 50種を収録。椅子に座ったまま，ほぼしゃべらなくても，誰でも楽しく運動できます。2 色刷。
一人でもできる　シニアのかんたん虚弱予防体操 50 斎藤道雄著　　　　　B5・63頁　1700 円	一人～少人数で出来る，コロナ時代に対応した，シニアのための体操 50 種を紹介。体を動かすのが苦手な人も，椅子に座ったまま楽しく虚弱予防！シニア支援者のためのアドバイス付き。2 色刷。
シニアの１，２分間　運動不足解消体操 50 斎藤道雄著　　　　　B5・63頁　1650 円	椅子に腰かけたまま出来る，シニアの運動不足解消に役立つ体操 50 種を収録。「簡単。なのに，楽しい！」体操で，誰でも飽きずに運動できます。施設のスタッフのためのアドバイス付き。2 色刷。
シニアの爆笑あてっこ・まねっこ　ジェスチャー体操 斎藤道雄著　　　　　B5・63頁　1650 円	簡単，短時間，準備不要！　そんな，三拍子そろった，スタッフもシニアも笑顔になれるジェスチャー体操 50 種を公開。1 人で出来る体操から元気に体を動かす体操まで，様々な場面で活用できます。2 色刷。
少人数で盛り上がるシニアの　１，２分体操＆ゲーム 50 斎藤道雄著　　　　　B5・63頁　1650 円	「少人数」「１，2分」「準備なし，道具不要」の3拍子そろった体操＆ゲームを各 25 種紹介。シニアが楽しく身体と頭を動かして元気に遊べる体操＆ゲームです。待ち時間に活用できます。2 色刷。
椅子に座ってできるシニアの　１，２分間筋トレ×脳トレ体操 51 斎藤道雄著　　　　　B5・64頁　1650 円	右手と左手で違う動きを同時にしたり，口で「パー」と言いながら手は「グー」を出したり……，筋トレと脳トレがいっしょにできる体操を51 種紹介。2 色刷。
椅子に座ってできる　シニアの１，２分間筋トレ体操 55 斎藤道雄著　　　　　B5・68頁　1650 円	ちょっとした空き時間に，椅子に腰かけてでき，道具も不要で，誰もが楽しめる筋トレ体操を 55 種収録。よい姿勢を保つ力，歩く力等がつくなど，生活に不可欠な力をつける体操が満載。2 色刷。
新装版　車椅子の人も片麻痺の人もいっしょにできる楽しいレク 30 斎藤道雄著　　　　　B5・68頁　1700 円	車椅子の人も片麻痺の人も無理せず楽しめる，動かせる部分を思う存分に動かすレクをイラストを交え 30 種紹介。『車椅子の人も片麻痺の人もいっしょにできる楽しいレク 30 ＆支援のヒント 10』を改題，一部割愛し，新装・大判化。
新装版　要支援・要介護の人もいっしょに楽しめるゲーム＆体操 斎藤道雄著　　　　　B5・90頁　1700 円	いっせいに同じ体操をするのではなく，1 人ひとりに合うように少しやり方を変えるだけで，参加者の誰もが満足。『要支援・要介護の人もいっしょに楽しめるゲーム＆体操』を新装・大判化。

表示価格は本体価格です。別途消費税がかかります。

■ホームページでは，新刊案内など，小社刊行物の詳細な情報を提供しております。「総合目録」もダウンロードできます。
http://www.reimei-shobo.com/